Jngrid Uebe · Helga Spieß
Der kleine Brüllbär ist krank

Dieses Buch gehört:

Julia und Julian

Jngrid Uebe

Der kleine Brüllbär
ist krank

Mit Bildern von
Helga Spieß

Ravensburger Buchverlag

**Die Schreibweise entspricht den Regeln
der neuen Rechtschreibung.**

3 2   98 99

Ravensburger Blauer Rabe
Farbige Neuausgabe
© 1986 für den Text und © 1997 für die Jllustrationen
Ravensburger Buchverlag
Umschlagbild: Helga Spieß
Redaktion: Denise Strauss
Printed in Germany
ISBN 3-473-34085-5

Inhalt

Gebrüll am Morgen

Eines Morgens
schmeckte dem kleinen Brüllbär
sein Frühstück nicht.
Das war höchst ungewöhnlich.
Die Mutter sah ihn besorgt an.
Sie hatte ihm Milch
und ein Honigbrot hingestellt.
Das mochte er sonst sehr gern.
Jetzt schnupperte er nur daran
und ließ beides stehen.
„Was ist los, kleiner Brüllbär?",
fragte die Mutter.
„Trink doch und iss!"
„Uaah!", brüllte der kleine Brüllbär.
Doch brüllte er leiser als sonst.
Es klang ziemlich kläglich.

„Jch mag nicht trinken!

Jch mag nicht essen!

Die Milch riecht sauer!

Der Honig riecht bitter!"

Die Mutter schüttelte den Kopf.

Sie sagte:

„Aber das stimmt nicht.

Jch habe beides probiert."

„Stimmt doch!",

antwortete der kleine Brüllbär.

„Hast du gar nicht probiert!"

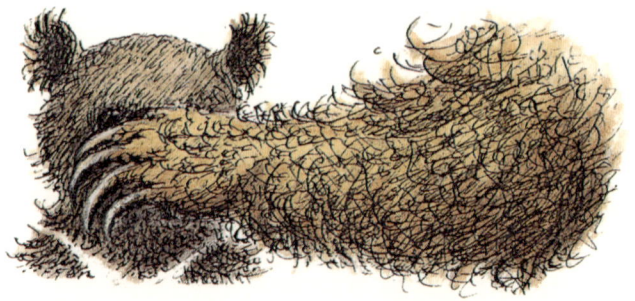

Die Mutter legte ihm
ihre Pfote auf die Nase.

„Sie ist ganz heiß",
stellte sie fest.
„Du hast sicher Fieber
und gehörst ins Bett."
„Uaah!", brüllte der kleine Brüllbär.
„Nein, ich will nicht ins Bett!
Jch bin ja eben erst aufgestanden.
„Dann geh ein bisschen hinaus!",
sagte die Mutter.
„Frische Luft
tut dir vielleicht auch gut."
Der kleine Brüllbär
ging in den Garten.
Er legte sich in die Sonne.
Aber die war ihm zu heiß.
Dann legte er sich in den Schatten.
Aber dort war es ihm zu kalt.
Schließlich ging er wieder ins Haus.

Die Mutter fegte die Stube.
„Spielst du mit mir?",
fragte der kleine Brüllbär.
„Jetzt nicht", sagte die Mutter.
„Jch habe zu tun."
„Uaah!", brüllte der kleine Brüllbär.
Aber mehr fiel ihm nicht ein.
„Tut dir vielleicht etwas weh?",
fragte die Mutter.
„Ja", brüllte der kleine Brüllbär.
„Mein Kopf und mein Hals
und überhaupt alles!"
„Das hättest du gleich sagen sollen",
meinte die Mutter.
Dann steckte sie ihn ins Bett.
Der kleine Brüllbär brüllte nicht mehr.
Er brummte nur noch ein bisschen.
Er war froh, dass er im Bett lag.

Jm Krankenbett

Die Mutter stopfte
dem kleinen Brüllbär
drei Kissen in den Rücken
und deckte ihn gut zu.
Dann brachte sie ihm ein Bilderbuch.
„Du sollst hier bleiben!",
sagte der kleine Brüllbär.
„Lass mich nur noch
die Stube fertig kehren!",
antwortete die Mutter.
„Dann komme ich wieder."
„Uaah!", brüllte der kleine Brüllbär.
Da steckte sie ihm schnell
das Fieberthermometer
in den Mund,
und er schwieg still.

„Schön drin lassen!",
mahnte die Mutter.
„Jch bin gleich wieder da."
Der kleine Brüllbär
lehnte sich in die Kissen zurück.
Das Bilderbuch sah er nicht an.
Er war viel zu schwach,
und alles tat weh.

Fiebertraum und Feuermann

Der kleine Brüllbär
machte die Augen zu.
Aber er schlief nicht.
Rings um ihn war Wald.

Er lief über Stock und Stein.

Er lief und lief.

Sein Atem ging schwer.

Er kam an den gluckernden Bach
und wollte trinken.

Er war sehr durstig.

Plötzlich sah er ein Männlein.

Das schichtete Reisig aufeinander
und hüpfte darum herum.

Auf dem Kopf
trug es eine rote Mütze
aus züngelnden Flammen.

„Wer bist du?",
fragte der kleine Brüllbär.

„Jch bin der Feuermann",
sagte das Kerlchen.

„Jch trockne den Bach aus.
Jch zünde den Wald an."

Schon zischte das Wasser
im gluckernden Bach.
Es dampfte und versiegte.

Der Feuermann hielt
seine flammende Mütze
an den Reisigstoß.
Schon brannte er lichterloh.
Schon brannten die Sträucher.
Schon brannten die Bäume.
Der kleine Brüllbär wollte brüllen,
doch er bekam keinen Ton heraus.

Sein Durst und die Hitze
waren ganz schrecklich.
Er bäumte sich auf.
„Aber kleiner Brüllbär",
sagte die Mutter,
„du hast ja dein Bett
ganz durcheinander gewühlt."
Der kleine Brüllbär seufzte tief.
Der Traum war vorbei,
aber Hitze und Durst
waren geblieben.

Doktor Rabe

Die Mutter nahm
dem kleinen Brüllbär
das Thermometer aus dem Mund.
Sie sagte erschrocken:
„Du hast wirklich Fieber.
Jch rufe lieber den Doktor."
„Uaah!", brüllte der kleine Brüllbär.
Er brüllte ganz heiser.
„Nein, nicht den Doktor!
Den kann ich nicht leiden."
„Aber kleiner Brüllbär",
sagte die Mutter,
„Doktor Rabe ist ja sehr klug,
und er wird dir bestimmt helfen."
Sie trat ans Fenster
und machte es auf.

Unter dem Dach wohnten
Herr und Frau Schwalbe
mit ihren vier Kindern.
Die Mutter rief:
„Hallo, Herr Schwalbe!
Wären Sie wohl so nett,
Doktor Rabe zu holen?
Unser kleiner Brüllbär ist krank."
„Gewiss!", rief Herr Schwalbe.
„Gewiss!"
Eilig flog er davon.

Die Mutter holte
dem kleinen Brüllbär
ein großes Glas kühlen Himbeersaft
aus der Küche.
Das trank er in einem Zug leer.
Die Mutter setzte sich an sein Bett.
Sie fragte:
„Soll ich dir etwas erzählen?"
„Ja", sagte der kleine Brüllbär,
„etwas von früher,
als ich noch klein war!"
Er kannte alle Geschichten
von früher,
doch er bekam nie genug davon.
Also erzählte die Mutter von der Zeit,
als er noch ein winziger Brüllbär
gewesen war und nicht einmal
„uaah" sagen konnte.

Nur „uääh, uääh" hatte er gemacht,
das allerdings schon ziemlich laut.

Als er dann laufen lernte,
hatte er immer seine vier Pfoten
durcheinander gebracht.
Die rechten und die linken,
die vorderen und die hinteren …

An dieser Stelle
klopfte es ans Fenster.
Das war Doktor Rabe!
Die Mutter machte ihm auf.
„Guten Tag, kleiner Brüllbär!",
sagte der Doktor.
„Nun, wie geht es dir denn?"
Der kleine Brüllbär
gab keine Antwort.
Er brüllte nicht einmal.
Doktor Rabe sah ihm
in die Augen und in den Hals.
Er fühlte ihm den Puls
und horchte an seiner Brust.
Dann sagte er:
„Es ist nur
eine starke Erkältung."
Die Mutter atmete auf.

Doktor Rabe sprach weiter:
„Übrigens komme ich eben
von deinem Freund,
dem kleinen Brummbär.
Der hat die gleiche Krankheit wie du.
Habt ihr gestern
vielleicht etwas angestellt?"
„Nein", sagte der kleine Brüllbär,
„nur ein bisschen
im Bach gestanden."

„Soso", sagte der Doktor.

„Aber der Bach ist doch sehr kalt."

„Ja", sagte der kleine Brüllbär,

„wir hatten gewettet,

wer es am längsten

darin aushalten kann.

Jch habe gewonnen."

„Dann ist die Sache ja klar",

sagte Doktor Rabe.

Er zog ein Fläschchen

mit weißen Tabletten

unter seinem Flügel hervor.

„Davon nimmst du jetzt zwei!"

Da brüllte der kleine Brüllbär:

„Uaah! Nein, die nehme ich nicht!"

„Der kleine Brummbär

hat sie genommen",

sagte der Doktor.

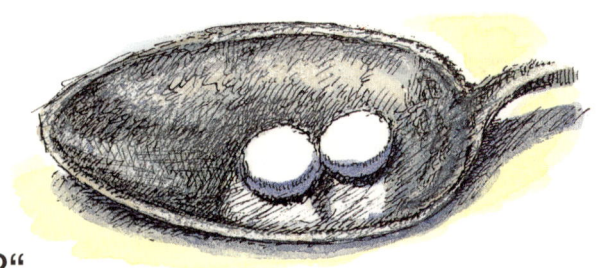

„Wie denn?",
fragte der kleine Brüllbär.
„Hat er gebrüllt?
Oder gebrummt?"
„Nein", sagte der Doktor,
„er hat sie einfach runtergeschluckt.
Er ist ja nicht dumm."
„Jch bin auch nicht dumm!",
sagte der kleine Brüllbär.
Da holte ihm seine Mutter
noch ein Glas Himbeersaft.
Er nahm einen großen Schluck
und spülte die Tabletten
damit runter.
„Na also!", sagte Doktor Rabe.

„Jetzt werde ich noch
die Kräuterfrau schicken.
Die soll Tee für dich kochen.
Danach kommt Klara Kröte
und macht dir Umschläge.
Dann bist du bald wieder gesund."
Die Mutter machte das Fenster auf.
Da flog der Doktor
hinaus.

Die Kräuterfrau

Nicht lange danach
pochte es unten an die Tür.
Das war die Kräuterfrau
mit einem Korb voller Grünzeug.
Sie stützte sich auf einen Stock.
Sie hatte einen krummen Rücken
und eine lange Nase.
Jhre Stimme war laut und tief
wie die eines alten Soldaten.
Die Mutter machte ihr auf
und führte sie in die Küche.
„Stell Wasser aufs Feuer!",
sagte die Kräuterfrau.
„Und gib mir die Kanne!"
Dann suchte sie in ihrem Korb
nach den richtigen Kräutern.

Sie brühte Tee auf
und brachte ihn
dem kleinen Brüllbär ans Bett.

„Uaah!", brüllte er.
„Jch mag keinen Tee!
Und den schon gar nicht!
Er riecht nicht gut,
und er ist viel zu heiß!"
„Aber er hilft!",
sagte die Kräuterfrau.
„Das glaube ich nicht!",
brüllte der kleine Brüllbär.
„Gieß ihn nur fort!"
Da klopfte die Kräuterfrau
mit ihrem Stock auf den Boden.
„Dunnerlittchen!", sagte sie barsch.
„Du hältst jetzt den Mund
und trinkst diesen Tee!"
So hatte noch niemand
mit dem kleinen Brüllbär
gesprochen.

„Dunnerlittchen!",
sagte die Kräuterfrau wieder.
Dunnerlittchen? –
Das war ein komisches Wort.
Der kleine Brüllbär
dachte darüber nach.
Er trank einen Schluck Tee.
So schlecht
schmeckte er gar nicht.
„Warum nicht gleich so?",
fragte die Kräuterfrau.
Der kleine Brüllbär
nahm noch einen Schluck.
Dann fragte er:
„Erzählst du mir eine Geschichte?"
„Nein", sagte die Kräuterfrau.
„Jch kenne nur Kräuter
und keine Geschichten."

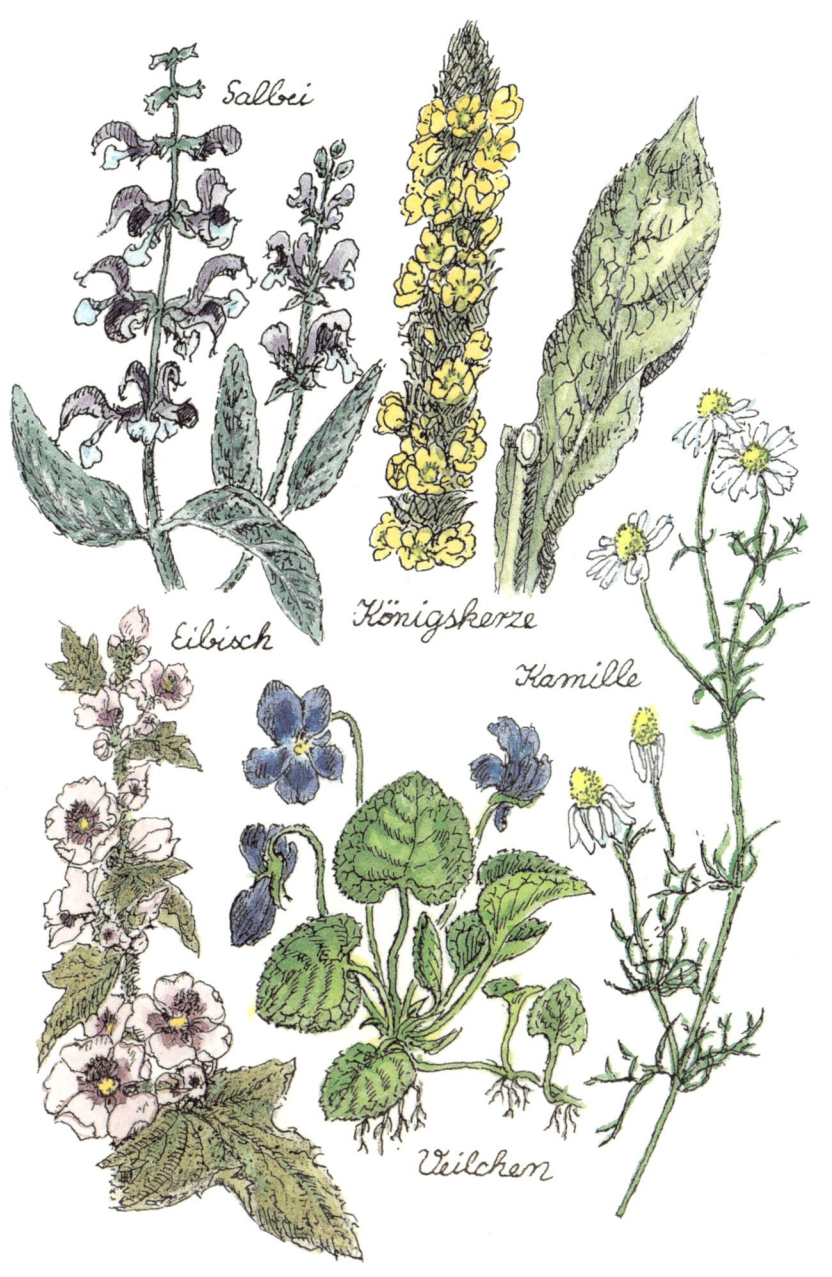

Salbei

Königskerze

Kamille

Eibisch

Veilchen

Sie wartete,
bis er seine Tasse
leer getrunken hatte,
dann ging sie murmelnd hinaus.
Die Mutter brachte sie bis zur Tür.
Als sie zurückkam, sagte sie:
„Die Kräuterfrau hat mir
noch etwas für dich gegeben."
Es war ein Bonbon.
„Ein Kräuterbonbon?",
fragte der kleine Brüllbär.
„Nein, ein Sahnebonbon",
antwortete die Mutter.
„Dunnerlittchen!",
sagte der kleine Brüllbär.

Klara Kröte

Er lutschte sein Sahnebonbon.

Es war sehr lecker.

Er sagte:

„Das ist gut gegen Halsweh."

„Ganz bestimmt!",

nickte die Mutter.

„Aber horch, wer da kommt!"

Da kamen Schritte plitsch-platsch

auf das Haus zu

und dann plitsch-platsch

die Treppe herauf.

Das war Klara Kröte.

Sie war sehr hässlich,
aber sie hatte
schöne goldgrüne Augen.
Sie trug einen silbernen Eimer.

„Guten Tag, Klara!",
sagte die Mutter.
„Es ist nett, dass du kommst.
Wir haben schon
auf dich gewartet."
„Uaah!", brüllte der kleine Brüllbär.
„Nein, das ist gar nicht nett,
und wir haben auch
gar nicht gewartet!"
Er brüllte noch lauter: „Uaah!
Was hast du in deinem Eimer?"
„Brunnenwasser und Leintücher",
antwortete Klara Kröte.
Sie schlug seine Decke zurück
und nahm ein Tuch
aus dem Eimer.
Das drückte sie sorgfältig aus
und legte es ihm auf die Brust.

„Uuuh!", brüllte der kleine Brüllbär.
Mehr brachte er nicht heraus.

Er klapperte nur mit den Zähnen.
Klara Kröte wickelte auch
seine Beine in feuchte Tücher.

Dann deckte sie ihn gut zu.

„Gleich wird dir warm", sagte sie.

Das stimmte tatsächlich!

Der kleine Brüllbär kuschelte sich

unter die Decke und fragte:

„Erzählst du mir eine Geschichte?"

„Meinetwegen",

antwortete Klara Kröte.

Sie schloss für ein Weilchen

ihre schönen goldgrünen Augen,

und dann fing sie an.

Verhextes Märchen

„Tief drinnen im Wald lebte einmal
ein alter Hexenmeister.
Der besaß Gold und Edelsteine
in Hülle und Fülle.
Tagsüber versteckte er
seine Reichtümer
in Kisten und Kasten.
Aber bei Nacht breitete er sie
im Mondschein vor sich aus
und freute sich an ihrem Glanz.
Er hielt sich eine Kröte
als Haustier.
Sie war sehr hässlich,
aber sie hatte
schöne goldgrüne Augen.
Sie wohnte im Brunnen vorm Haus.

Sie ging dem Hexenmeister
bei der Arbeit zur Hand,
und bei den Mahlzeiten
saß sie mit ihm am Tisch.
Eines Tages fragte die Kröte:
‚Was blitzt und funkelt
bei Nacht so im Haus?
Jch bin schon ein paar Mal
von dem hellen Schein aufgewacht.‘
‚Das war nur der Mond‘,
antwortete der Hexenmeister.
Aber die Kröte glaubte ihm nicht.
Jn der nächsten Nacht
kletterte sie aus ihrem Brunnen
und spähte durchs Fenster.
Da sah sie, wie der Hexenmeister
seine Schätze ausbreitete.
Das war eine Pracht!

Besonders gut gefiel der Kröte
eine kleine goldene Krone.
Die war mit Perlen
und Diamanten besetzt.

Sie konnte sich gar nicht
satt daran sehen
und hätte sie
für ihr Leben gern gehabt.
Morgens beim Frühstück sagte sie:
‚Meister, ich weiß jetzt,
was bei Nacht im Haus
so blitzt und funkelt.
Jch begehre nichts
von all Euren Schätzen –
bis auf die kleine goldene Krone.
Die müsst Jhr mir schenken!‘
Da wurde der alte Hexenmeister
sehr zornig und sprach:
‚Die Krone ist für den Kopf
einer Prinzessin bestimmt
und nicht für den Kopf einer Kröte.
Du bist viel zu hässlich.‘

Böse und traurig stieg die Kröte
in ihren Brunnen hinab.
Doch nachts
kam sie wieder hervor.
Jm Haus war es dunkel.
Der Hexenmeister hatte
alle Vorhänge zugezogen.
Aber ein kleiner Spalt
war offen geblieben.
Die Kröte spähte hindurch.
Jm Schein einer Kerze
polierte der Hexenmeister
die kleine goldene Krone
mit einem weichen Tuch.
Dann legte er sie in eine Truhe
und schloss diese sorgfältig ab.
Die Kröte schlich leise
in ihren Brunnen zurück.

Als die Sonne aufging,
pflückte sie im Wald
eine Hand voll Kräuter.
Die tat sie mittags in die Suppe,
die auf dem Herd stand.
Sie selbst aß nichts davon,
aber dem Hexenmeister
schmeckte sie gut.
Nach dem Essen
wurde er sehr müde.
Er legte sich hin und schlief ein.
Da nahm die Kröte
seinen Schlüsselbund,
suchte den richtigen Schlüssel
und schloss die Truhe auf.
Sie nahm die Krone heraus.
Dann trat sie vor einen Spiegel
und setzte sie auf.

Die Krone funkelte so hell,
dass der Hexenmeister erwachte.

‚Heda!‘, rief er.

‚Du hast mich bestohlen.

Gib mir sofort meine Krone zurück!‘

‚Nein', sagte die Kröte,

‚die Krone ist mein,

und sie steht mir sehr gut!'

Da ergriff der Hexenmeister

die Kröte

und warf sie gegen die Wand.

Als sie herabfiel,

war sie nicht länger eine Kröte,

sondern eine liebliche Prinzessin

mit blonden Haaren

und schönen goldgrünen Augen.

‚Ach, liebste Prinzessin!',

rief der Hexenmeister.

‚Du darfst die Krone behalten.

Du sollst meine Frau werden!'

‚Nein', antwortete die Prinzessin.

‚Deine Frau werde ich nicht.

Du bist mir zu alt und zu hässlich!'

Dann lief sie einfach davon."

Klara Kröte schwieg.

„Und was ist
aus der Prinzessin geworden?",
fragte der kleine Brüllbär.

„Jch denke, sie hat sehr bald
einen Prinzen getroffen",
antwortete Klara Kröte.

„Der nahm sie mit auf sein Schloss."

„Vielleicht hat sie auch
einen Bären getroffen",
sagte der kleine Brüllbär,
„und der war ein verzauberter Prinz."

„Das ist gut möglich",
meinte Klara Kröte.

„Aber nun wollen wir
die Umschläge herunternehmen
und sehen, ob es dir besser geht."

Wieder gesund

Tatsächlich ging es
dem kleinen Brüllbär viel besser.
Er fühlte sich
zwar noch schwach,
aber nichts tat ihm mehr weh.
Er setzte sich hin
und sah Klara Kröte dankbar an.
Dann sagte er:
„Du hast auch
sehr schöne goldgrüne Augen.
Bist du vielleicht auch
eine verzauberte Prinzessin?"
„Nein", antwortete Klara Kröte,
„mich kannst du so oft
gegen die Wand werfen,
wie du willst.

Jch bin und bleibe Klara Kröte,
und ich möchte
auch gar nichts anderes sein."
Dann ging sie plitsch-platsch
aus dem Haus.
„So, kleiner Brüllbär",
sagte die Mutter.
„Jetzt hole ich dir
etwas Gutes zu essen.
Du musst doch allmählich
hungrig sein."

„Hungrig eigentlich nicht",
sagte der kleine Brüllbär.
„Aber ein bisschen Appetit
habe ich schon."
„Auf was denn?",
fragte die Mutter.
Der kleine Brüllbär überlegte.
„Auf Honigkuchen und Pudding",
sagte er dann,
„auf Milchreis und Apfelkompott,
auf Brötchen
mit Himbeermarmelade,
auf Pfannkuchen mit Zucker,
dann noch
auf zwei oder drei Nüsse
und ein paar Rosinen vielleicht."
„Jst das schon alles?",
fragte die Mutter.

„Nein", sagte der kleine Brüllbär,
„das größte bisschen Appetit
habe ich nämlich
auf Walderdbeeren mit Sahne."
„Jch will sehen, was ich tun kann",
sagte die Mutter
und ging in die Küche.
Der Vater kam
und brachte dem kleinen Brüllbär
einen Hampelhasen.
Den hatte er selbst gemacht.
Der kleine Brüllbär lachte.
„Kranke Kinder sollen sich freuen",
nickte der Vater,
„dann werden sie schneller gesund."
Die Mutter trug ein Tablett
mit leckeren Sachen herein.
Der kleine Brüllbär lachte wieder.

„Freust du dich?",
fragte der Vater.
„Schmeckt es dir?",
fragte die Mutter.
Der kleine Brüllbär nickte.
Sprechen konnte er nicht.
Er hatte den Mund
voll Walderdbeeren mit Sahne.